Mai Louise Falsig

Spejlrefleks
Digtsamling

Titel: Spejlrefleks
Forfatter: ® 2016 Mai Louise Falsig

Books on Demand

Udgivne bøger af samme forfatter:
Børnebogen : Venstre og Højre tager på udflugt på
                         egen hånd
Børnebogen : Da Lasses mor døde
Børnebogen : Left and Right Explores the Worl
Børnebogen : When Mike's Mom died
Romanen   : Uheldigesædvaner
Krimien   : Antikvarboghandleren
Krimien   : D-Skål mysteriet-En sag for Johanson
Krimien   : Absolution – Syndsforladelse
Digtsamling : En forbasket god kop kaffe – Det rej
                         sende digt
Digtsamling : Diesel Partikler

Forord

   Når man som forfatter skriver digte, så gælder de
samme fundamentale baser, som når man skriver andet
litteratur … nemlig ens eget liv og de mennesker man
kenders liv og færden. Kort og godt … så inspirer,
harmer, forfærder, glæder og meget mere den verden,
vi nu et gang bor i; men det er klart, at jo tættere man er
på andre, jo mere ved man om dem.

   Et godt eksempel, på noget jeg har kredset om, er de
digte, der er i den religiøse ende. Den voksende mod-
sætning mellem verdens religioner og deraf følgende
terror er helt klart noget, som bekymrer.

   Et andet digt "Pædofil" blev skrevet efter jeg havde
set filmen med "Jagten" med Mads Mikkelsen.

   Under alle omstændigheder så håber jeg, at denne bog
vil sætte nogle tanker i gang hos læseren.

Mai Louise Følsig

Indhold

Spejlrefleks

En verden
fyldt med billeder
for fotografens
øjne
hvor linsen på
hans kamera
opfanger alle løgne
en skygge
som man
ikke ser
et lille træk
ved
øjet
billedet er
tydeligt linsen
har ej løjet
en bil i fart
og gamle folk som
ej har noget sammen
samler alle
modsætninger
i hele dias rammen
fotolinsen med
sin zoom
fanger nuet
livet
den er nutidens
notar fra
London til Khartoum

Leg med ord

Fåmælt 1

Få har
få har alt
for meget
få får aldrig
nok at få
at få
for lidt
det får de
andre de får
at få
nok
det får kun få

få kan
få kan hele
tiden få
kan altid gøre alt
at kan
for lidt
det kan de klart
de fleste til
at kunne kun få
de kan
få
alt er valgt

Fåmælt 2

Få har
få har alt for meget
få får aldrig nok
at få
at få for lidt
det får
de andre
de får
at få nok
det får kun få

få kan
få kan hele tiden
få kan altid gøre alt
at kan for lidt
det kan
de klart de fleste
til at kunne
kun få de kan få
alt er valgt

Cirka

Cirka sådan
næsten omtrent
nærved lige før
ord som
er intetsigende
tomme
om ikke så længe
næste år
kun et øjeblik
et svar du får
og ofte fik
om et sekund
så skal
jeg komme
ubestemte
klassiske fraser
på sigt siger om
kort eller langt
ikke spor
ubestemte ord
som er gode
til at holde andre
cirka væk
fra livet
intet
på afstand
uoplyst
med
cirka

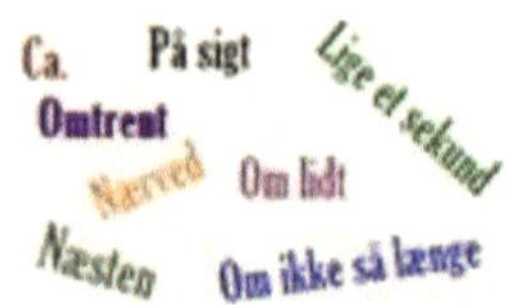

Livet generelt

Hvor er svoger Jensen?

	Hvor er svoger Jensen	
	Han er gået.	
	Gået! Hvad har han opnået?	
Jeg er sviger-inden Hanne	*Ægteskab og fire knejt uden tøj og nul arbejd.'*	Jeg er vennen Svend
	Så sku' han netop ikke gå fra konen.	
	Måske bristede illusionen.	
	Hvorfor pokker forsvinde … blot følge sine lyster?	
	Nææhh! Det samme siger min søster.	
	Sagde han ikke, hvor han gik hen?	
	Ikke et ord vi hørte Svend.	
	Han kommer sikkert ikke tilbage.	
	Nej, svoger har kendt bedre dage.	
	Hvad gør din søster uden gemalen?	
	Vi hjælper lidt og ellers socia-len	
	Jeg spekulerer på, hvad mon den idiot mon gør?	
	Du får min mening, nu du di-rekte spør'	
	Så svar mig dog Hanne, hvad gør han i grunden?	
	Du ska' se han dingler nok fra et træ i lunden.	

Paradis

Jeg ser på væggen
på døren
iagttager frisuren
mit rum på bordet
randen fra et glas
kuglepennen
min åbne bærbare
halvtåben skuffe og bog
hvor jeg sidst den efterlod
mit eget parnas
udskrevne sider
af et nyt manuskript
og digte
er mit rod
min verden
et krøllet lagen
en pude i hjørnet
en halv flaske dovent øl
et sengebord en seng
en kommode
beautyboks
makeup spejl
et skab med for få bøjler
alt det ses naturligvis
i mit store spejl
mens jeg retter en fold i kjolen
ta'r stråhatten
fra lænestolen
åbner døren går ud
lukker inde
mit jordiske paradis

Morseomt

Da da da daahh
et V som fem
skæbnesymfonien
endnu en streg
to prikker
mit eksamensbevis'
skæbne
stikker snuden frem

Da daahh
et A
nu hele tre prikker
jeg sveder
var
denne morse leg
mig
havde jeg læst til
gnist
det i mig stikker

Daahh da daahh … et K
kniber med at notere
da daahh daahh da daahh
var det et Å …ååhh
nej der kommer flere
40 tegn per minut
er kravet for at bestå
da daahh da
et R som i regn
den summende lyd
af streger og prikker
er slut … elsker eksamen
i morsetegn.

Forældremøde 1

Uroligt så lidt min
enestående og flittige
datter lærer i skolen
Har lærerne trukket
deres eksamen i en automat

Var til forældremøde
selvfølgelig
prøvede de på at
skyde skylden på
vores datter
men den går ikke
Granberg
vi bed ikke på krogen
Specialklasse
hører jeg forkert
min datter til
specialundervisning
ikke alene
er lærerne
uduelige; men de
forsøger at
tørre aben af
på os på
vores ufejlbarlige
datter

Den danske lærerstand
vor herre bevares
de underviser knap nok

Taberen:
Min datter

Forældremøde 2

Uroligt så lidt tid
forældrene har til deres
enestående og flittige
datter lærer derhjemme
ved de forældre intet når
det drejer sig om
børneopdragelse

Havde forældremøde
selvfølgelig
prøvede de på at
skyde skylden på
skolen
men den går ikke
Granberg
vi bed ikke på krogen
Specialklasse hører jeg forkert
deres datter behøver ikke
specialundervisning
men omsorg og støtte
ikke alene er forældrene
uduelige; men de
forsøger at
tørre aben af på os og
på deres stakkels datter

Altså nogle forældre
vor herre bevares
de ænser knap nok
deres børn

Taberen:
deres datter

En flækket negl

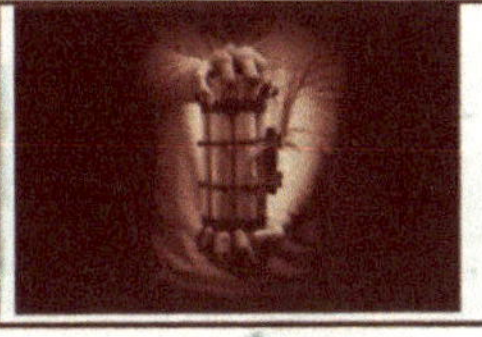

Jeg smider avisen
nu er der
igen en terrorbombe, der
har slået tyve
mennesker ihjel
jeg stirrer forfærdet

Hvad er der sket
med min højre
lillefingernegl, den
er flækket.

Borgerkrigen i
Syrien
optrappes
flere børn tvinges
i uniform

tusinder
dør

en katastrofe ….
Jeg har lige siddet
over en time og
ordnet negle.

En krig mellem
Islamisk stat og
Tyrkiet hænger
i luften

den eneste løsning
Jeg må fjerne
den nylagte
neglelak og
file den ødelagte negl

Flere lande i EU
er ved at gå
bankerot
EU i recession
kunne ikke være
værre

Nu
hvor jeg skal til
fest om to timer.

Alt
ramler, først den
flækkede negl
så den
ødelagte kjole
Livet kan være hårdt

Hungersnøden truer i
Nordkorea, som
stadig er i krig med
Sydkorea

Åh, nej!
vil det ingen
ende ta'

der er kommet
neglelak på min
kjole
hårdt men
den lille sorte
er stadig
moderne, og
min neglelak er
hurtigtørrende
op med humøret
katastrofen er
afværget

Egoisten

Mig, mig
og atter mig selv
i centrum
jeg er
veldrejet
og et godt skår
pæne bryster
et vindende smil
egenkærlig, egen-
nyttig
tænker kun på
mig selv
glæder mig over
at overgå andre
være den bedste
ikke dårligst og
dum
jeg er
undskyldt, jeg
er kun
normal
ikke asocial
jeg er
et menneske
i kød og blod

der blot har fået
i overflod

Inquam, homo sum

Mc Glad

Traktoren
Harley-Davidson
de japanske
riskogere
engelske
antikviteter
italienerne
kært barn har mange
navne

En MC gør dig
glad i låget
vinden i håret
nå, nej i hjelmen
at være ét med
naturen
gennem det
kraftige tøj, de
store støvler
i hvert fald
glad

Høre lydene omkring
dig
nå, nej igen hjelmen
ser alt på en
anden måde
det tonede visir

Fuldt koncentreret om
kørslen, nul
sms, nul
smøger kun fart
og kværnen mellem dine
lår
den konstante vibreren-
de
rytme der varer ved
forplanter sig gennem
bukserne
til trusserne
til klitoris
er som når
sex
er bedst

Vi skal passe paa alt liv

paa moder Jord

Designer børn

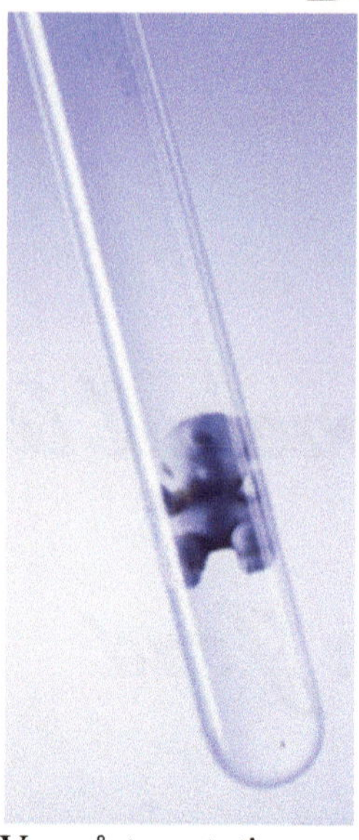

Var på *tyrestationen*
fik en portion
sæd
fra en *præmietyr*
lovede indehaveren
super årgang
frisk aftappet

Faderen er
atomfysiker
humoristisk
i form
lys i huden
smuk og høj
med brune

øjne

Mit barn
bliver intelligent og
smuk uden
skavanker

Lidt fra
mig
og lidt fra
ham den
anonyme

Hvad skal
barnet hedde
latinske navne
en dreng 'Puer Dimidia'
en pige 'Medium Puella'

Racehygiejne?
Må jeg være fri!

Alt andet i mit liv er
perfekt
karriere, hjem, bil,
mit udseende

Hvad skal moi / jeg med
et
grimt, handicappet og
uintelligent barn
nej ve

Dyrevelfærd
(Dyrenes {farvel}velfærd)

Det er vigtigt at
dyrene
har det godt
de må endelig
ikke
fejle noget
syge dyr betyder mindre
indtjening
frem med
diverse antibiotika
med statens og dyrlægernes
velsignelse

Resistente bakterier
spreder sig fra
landbruget til
byerne
med statens og
dyrlægernes velsignelse

En reel
trussel
mod mennesker
som ikke mere
kan behandles med
antibiotika
med statens og
dyrlægernes velsignelse

Mennesker kan

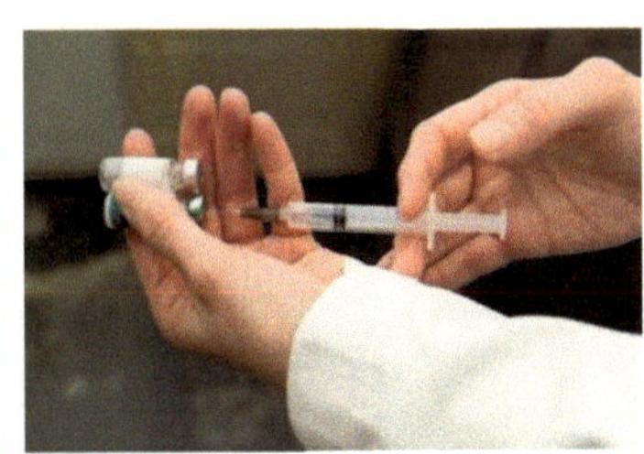

undværes
jorden er alligevel
overbefolket
dyrene betyder
milliardindtægter
med statens og
dyrlægernes velsignelse

Et plankegulv pris
(140 dyrearter)

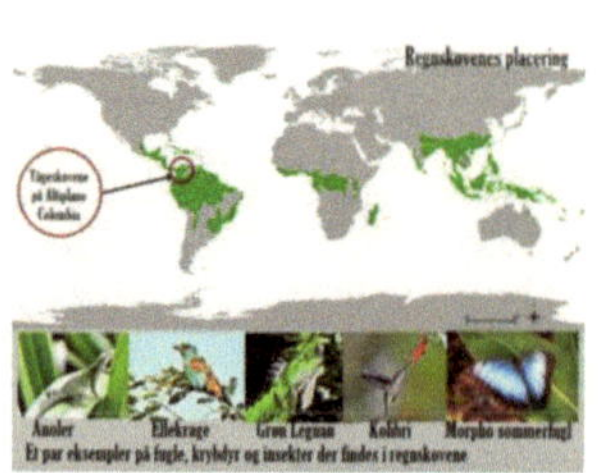

En
tempereret
tågeskov
familie
Tågeskovene
på Altiplano
Colombia
i krig med
mennesker
deres store
maskiner
forsøger at
rydde alt

andre Regnskove
naturområder
ødelægges
ryddes
årligt uddør
50.000 arter af
ikke-mikroskopiske
dyr og planter
50.000
forskellige
insekter
fugle planter
padder
fordi de
udryddes

140 dyrearter
om dagen
en art hvert
tiende minut
væk for altid
på grund
af
det måske
viden
om
en kur mod
uhelbredelige sygdomme

jordens mangfoldighed
Skrumper
de store rovdyr
forsvinder
deres leveområder
ødelægges
føden forsvinder

Men vi får
dejlige møbler
og
plankegulve
det er
pragtfuldt
140
plantearter i
bytte for et
stuegulv
det er sgu da ikke
så galt

Man kan ikke lave
en omelet uden
at slå æg
i stykker

Jeg kendte en transseksuel

der blot ville være
sig selv

men når man
som hun spadserer
på fremmede stier
udstødt af de der
troede de alt
forstod
Danmark har ej plads
til *halve* piger
i bund og grund
er det ikke plads til
rod
transseksuel ville
være sig selv

I spejlet
kunne se
kvinden Marion
der var bare
det
hans krop
var et fængsel
med voldgrav
og stopklodser
af beton

Jeg kendte en transseksuel
desværre
hun hængte sig selv
trods bedring
da hun
traf Ann Sofie
en *rigtig* pige
som hjalp hende
mer' end hun
tror
utroligt hun kan
det må være
svært
at spille
mand
da i hende
en pige bor
en transseksuel
som
for tidlig
for ung
sagde livet
farvel.

Min Parkinson
(Mr. P)

er
til tider
en
irriterende
opvarter
han er
kort og godt en
rystende
oplevelse
min venstre side er
i ro
den højre lever
sit eget
liv
enten ryster mit
højre ben eller
min højre
hånd
vigtigt
at benet og tæerne
ikke ryster
det tærer på
hele kadaveret
medicinen
dæmper
rystelserne
nå ja han
er kommet for
at blive

og er
efterhånden
et positivt tilvalg
et af
lyspunkterne
Mr. P
er min bartender
han
blander mine
drinks og
ryster ingredienserne
sammen i
glasset
hvem behøver en
shaker, blot man har

Mr. P

Elskov

Kvinde min som
sidder
så smukt
på livets tag
sig mig blot
kort og godt
skimter du den
nye dag

Ser du lyset komme?

Kvinde min som
breder
sig ud
over mit liv
er i din vej
plads til mig
eller er jeg
tidsfordriv

Til natten den er omme?

Kvinde min som
spreder
livets
mørke skyer
det sandt
du mig fandt
og med et

mig tryllebandt
blev mit livs
fornyer

Bliv trods lysets komme

Kvinde min du
lyser op
som skoven
fyldt med lys
millioner a' Watt
den ganske nat
til vores
sidste kys

Når natten den er omme.

Kvinde min som
stiger
op af
min seng
hver en stund
nydes kun
som sød nektar
og honning
hver nat
for kort
det er hårdt
at elske nattens
dronning
der forsvinder
bliver ingen ting

Så du lyset komme?

De 6 Manddomsprøver

Seks manddomsprøver
for tre drenge på ti
har
syv år kendt hinanden
i Sorgenfri

om ikke så længe
et knallertkort
ta'r
ja for fanden
vejen til komfort

nu kører de
på en 45 for få
kubik
pacer hinanden
snart en MC kører på

første manddomsprøve
måler deres
pik
tissemanden
hvem vinder og skal æres

anden manddomsprøve
intet står i
vejen
bondemanden
har køer og grisesti
når han besøges

pisses på det elektriske
hegn
ej stoppe først OK anden
hurtigt sin penis efterse

tredje manddomsprøve
nu skal man være
fuld
glas fyldt til randen
i kælderens atmosfære

fjerde manddomsprøve
skråen renses for
lommeuld
lægges bag tanden
man er vel sej og hård

femte manddomsprøve
måske en pibe
tobak
'Nonneblod' i kanden
dejser omkuld på stribe

for sjette er'Nonneblod' der en
øl en go'
porter
nej bedre halvanden
samt snaps og Pernod

Konversationens vanskelige kunst

Nu har værtsparret
igen
sat mig sammen
med en eller
anden fyr
som de håber
jeg
kan fyre op
under

lige om lidt
begynder hans
livshistorie
men jeg har
min plan A klar

- Nå, så vi to
er sat sammen
jeg hedder Lars
og du er?
- Mette (Nu kommer
den garanteret)
- Mette, Ja det må vi
jo håbe, at vi bliver. He
he.
- Det gør vi nok skal du se
(jeg vidste det. Han hører
altså til kategorien: Jeg er
sjov)
- Jeg kender brudeparret
bla ... bla ... bla.
- Nej, hvor morsomt.
- Så var det også jeg ....
bla ... bla ... bla
- Hold da op.

- Ja, ikke. Men så var det
så sjovt at ...bla ... bla ...
bla.
- Det kan jeg forstå. (Jeg
skal huske at skrive videre
på min nye roman i mor-
gen.)
Hmm, ja da, hun er, hvis
du vil høre ... Bla ... bla
... bla.
- Gjorde Fie?
- Nej Mie!
- Ja, selvfølgelig. Nej hvor
spændende. (Jeg bør nok
starte Kapitel 6 med .....)

Værten:
- Der er dans bagefter.
Endnu en gang tusind tak
...
Min bordherre.
- Det har være hyggeligt,
at ha' dig som borddame.
- Ingen årsag.

Mine nøgleord:

Nej hvor morsomt
Hold da op
Det kan jeg godt forstå
Gjorde[+ et navn]
Nej hvor spændende.
5 Nøgleord

Hvem siger at
det er svært at
konvertere?

Pædofili

Lad de små børn
komme til mig
dem må I ikke
hindre
for i mit
liv
hører sådanne
til
sandelig siger jeg
Jer
den der ikke er kærlig
over for et
barn
hører ikke til i
Guds rige
kommer slet ikke
ind i
det

jeg lægger
mine kærlige
hænder på
børnene og
'velsigner' dem
på min måde'

Hamskifte

Her på jorden
kører mit liv ej
på skinner
men sat i en vogn
på vejen
hvor mange
er som
katten i digtet sin egen

selvom man
er rig kan man
godt være fattig
på venner
hvad mon de ved
om dem
som de siger
de kender

Alt sat i navngivne kas-
ser
og gøres op i penge
folk ejer tanker ideer
men rigdom: Hvor læn-
ge

føler mig anderledes
føler mig ikke normal
jeg er trådt
uden for normen
så kolossal
at skifte sit ham
det gør man jo bare ikke
sider afsides i pubben
i sorgen at drikke

Forpestet smitter udskud
i andres øjne
siger: 'Jeg kender ham
ej'
for moralen at højne

Passer ej ind i en kasse
hører ej til den store
grå masse
som bygger beskyttelses
mur endnu højere større
kan ikke komme ind
ude a øje ude a sind
beredskabet de øger
moralen er bannerfører
de har deres på det tørre

for at få nøglen
til deres paradis
gør ej som slangen
de sætter som pris
behold dit ham
byt det ej til en kvindes

vil ej bøje hovedet i
skam
skønt det slag
slet ikke kan vindes
men når jeg kvinde
er herinde
er det bedst
mit ham passer
op i røven med
meningsdannere
og deres Parnas'er

Religion

Det første Bud

Det minder om
magtfuldkommenhed
monopol
eneret

Hvem siger
at du er
bedre end andre
Guder

Hvordan kan du
udstede et sådan
dekret
du er som
en diktator
Jeg bestemmer

Hvor er din
rummelighed
accepten af
alle

Der går vel ikke
skår af dig
ved at have
lidt konkurrence
andre
Guder

Du kunne oprette
en samlings
himmerige
hvor I var
fælles om
opgaven
Guderne skal vide
at der
er nok
at tage fat på

De betroede talenter

Gud har opstillet
de syv dødssynder

1 Hovmod

2 Griskhed

3 Nydelsessyge

4 Misundelse

5 Fråseri

6 Vrede

7 Dovenskab

men Gud hylder
manden med
talenterne
hans grådighed
fik ham til at
straffe
tjeneren der
gravede den ene
talent ned
i stedet for at lade
den formere sig

min Gud
forstår du
hvorfor jeg
er forvirret
er det at være
grådig og grisk
i orden
står det
til troende
er der kun
seks
dødssynder

Paradis (Edens Have)

Gud har opstillet
de ~~syv~~ seks dødssynder

1 Hovmod

~~*2 Griskhed*~~

3 Nydelsessyge

4 Misundelse

5 Fråseri6 Vrede

7 Dovenskab

Vi skal
alle
stræbe efter
Paradiset
Edens Have
fred og
harmoni
en by fyldt
med guld og ædelstene
at stræbe efter Paradis
er det ikke
Nydelsessyge
og Fråseri
står det
til troende
er der vel
 kun fire
dødssynder

De fire dødssynder

Gud har opstillet
de ~~syv~~ ~~seks~~ fire dødssynder

1 Hovmod

~~2 Griskhed~~

~~3 Nydelsessyge~~

4 Misundelse

~~5 Frådseri~~

6 Vrede

7 Dovenskab

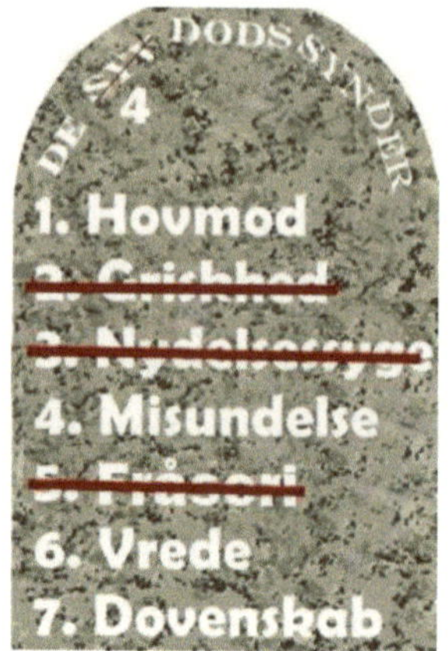

Den barmhjertige samaritaner
(I dagens Danmark)

Den barmhjertige
samaritaner
ville komme på
overarbejde
de fleste går
forbi
vender ryggen til
det er ikke
mit bord
Jeg vil ikke involveres

Det er for
besværligt
giver
for
meget bøvl
politiet skal
involveres
mit navn bliver
offentliggjort
væk er anonymiteten
den der
lever skjult
lever godt
går forbi

Den fortabte søn

Jeg har soldet, syndet og
horet
får jeg mon
tilgivelse
katolikker de
får
syndsforladelse
jeg må vente på
afgørelsen
ved himlens port
bliver jeg tilgivet
og modtaget med
åbne arme som den
fortabte søn
rummer Guds
kærlighed også mig
kan jeg i håbet om
tilgivelse
synde videre
eller
bør jeg nu være
perfekt sanddru
retskaffen og
tro
eller skal jeg
blot
blive ved med
at være et
menneske

Gud

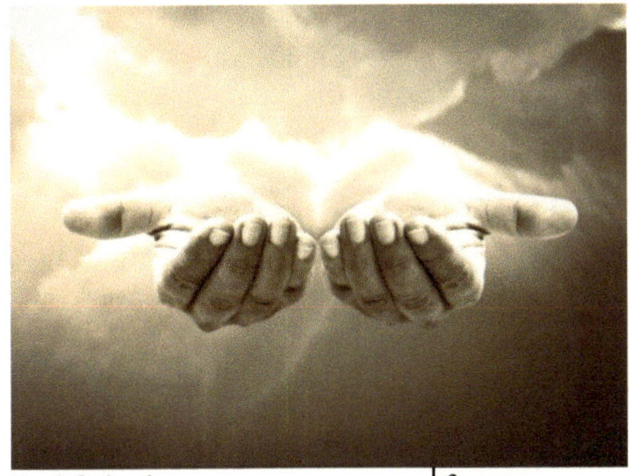

Gud fader bevares

Hvorfor tager du
ikke
din opgave
seriøs

I USA siger man
at det er Guds eget
land
er det derfor
vi
mærker dig så
lidt
i resten
af verden.

I øvrigt så
har du også
sløset
i Amerika
med alle de
mord utroskab og
narko.

Tag dig sammen
vi har brug

for at
du tager din
opgave
alvorlig
egoismen
blomstrer
kun få tror
på dig

De tror på
sig selv
hvor er håbet
troen på den evige
frelse

Vi lever stadig med de syv
dødssynder
hovmod
griskhed utugt
misundelse
fråseri vrede
dovenskab

Som om det ikke
var nok

Med:

incest Had
jalousi, svigt
mord unge
der dør
dødelige
sygdomme

Nu er jeg på mindst fjorten
områder du mangler at få løst

Du kan virkelig
ikke
forlange, at
vi
skal tage ansvar for
vores egne
handlinger

Hvad skal vi så med
religionen
en Gud

En
vi kan give
skylden
som giver os
syndsforladelse

Nu jeg har dig
i tale

Hvorfor så
mange
trosretninger
hvad med et
samarbejde
med Buddha

Hvis du er så
mægtig
må du da for
pokker

ku' styre de andre
Ismer

Spreder du
fingrene
for meget

Op på mærkerne

Det er jo ikke
første gang,
at en har råbt:
"Min Gud, min Gud - hvorfor
har du
Forladt mig?"

Tro kan flytte bjerge

Religion kan
flytte
bjerge
alle tror

selv dem der ikke
tror
de tror på
at de ikke
findes
'Gud' 'Jesus' 'Juleman-
den'
'Djævlen' 'Thor' 'Lyk-
kens
Gudinde' eller
'held'
alligevel
spiller de Lotto?

Modsat
'De 7 Dødssynder'
så er 7 rigtige
bedre end 4
det er
sværere at få
4 rigtige i lotto
end at bryde 4
'Dødssynder'

ikke alene tror alle
alle
har også en holdning
forankret i deres
tro

Enhver har
tro
som noget
universelt
'Jeg tror på at
Danmark vinder
fodboldkampen'
'Jeg tror
vi hellere
må tage hjem nu'

troen
som virkelig
er menneskets
tro
følgesvend
for
uden troen
er
intet
tilbage

Trosbekendelsen

Jeg forsager misundelsen
hadet, jalousien, uærligheden
egoismen
alle dets følgevirkninger og
alt dets væsen.

Jeg tror på medmenneskeligheden
glæde, sandheden, troskab
ærlighed samt den
uvurderlige altruisme og
økologi for ej at ødelægge
værdierne kreeret af
"The big bang"

På hver eneste
datter og søn, som er undfanget
i lyst og glæde ved "Helligånden"
født af kvinder, pint under
veernes åg

På døden, begravelsen
og at ende som
muld

Jeg håber på tredje dag
opstanden fra de døde
opfaret til Himmels
siddende ved Gud Faders
den almægtiges, højre hånd
hvorfra han skal komme at
dømme levende og døde.

Jeg håber på Helligånden
syndernes forladelse
kødets opstandelse og
det evige liv

Tro

Adventisme • Arianisme •
Asetro (Forn Siðr) • Baptistkirken •
Bahá'í • Brahmanisme • Buddhisme •
Candomblé • Gnosticisme • Hinduisme •
Hugenotter • Islam • Jainisme •
Jehovas Vidner •
Jesu Kristi Kirke af Sidste Dages Hellige (Mormoner) •
Jødedom • Katolske kirke • Ortodokse kirker •
Kristendom • Kvækere • Metodister •
Scientology • Pinsebevægelsen • Protestantisme •
Rastafari • Romersk religion • Santeria •
Shinto • Sikhisme • Taoisme •
Umbanda • Unitarisme • Winti •
Zoroastrisme • (Mazdaisme/Parsisme)

Der findes kun én
sand gud
siger nogen
men han eller hun
har godt nok noget
at se til for
 der er mange
trosretninger

Nogen har ingen
Gud
hvad gør de, når
de ikke har
Gud
på deres side

Hvem har det
sande svar

Hvorfor har
Gud
ikke udryddet
misforståelserne
er det fordi
han er ligeglad
eller
ikke eksisterer

Gud har fået mobil og PC

Sankt Peter ser på
billedet i 'iCloud'
og i den ankomnes
profil

Studerer hende igen
den er god nok min
ven
Skælskør
42 år
en bilulykke
Lone Piil

Før: Gud med de ti bud i det
Herrens år?

Hvorfor står
du der og skælver
angst
eller fryser du
i hvad har det sin rod
du har selvfølgelig
mistet meget blod.

På Facebook skriver 'Dick Van Dyck':
"Det er Dommedag du frygter."
som nu har ti tusind 👍Like

Er det sandt?
Du har godt nok
den jagede hjorts teknik
bange for den
jeg aner frygten i dit blik
hvorfor
sker det nu?

Ååhh jeg må være
blevet dement

det kommer
når man er senil
du forulykkede jo
med din bil

Et øjeblik
i iCloud står
det er fra dommedag du
flygter

Der står også
hvad du har gjort
syndet
er der andet?

Frygt dog ikke
hvor du endelig står
ved himlens port

Jeg Sankt Peter
skal nok
åbne den for dig
alt andet er løse
rygter

Du har brudt 4 love;
   1) Er fraskilt
   2) har været Buddhist et par år
   3) slået kedsomhed ihjel
   4) begæret sprut
Derfor bestemte vi
at dit liv på jorden
var slut.

Det hele står i netop
modtaget mail fra Gud
men han tilgiver dig

dine synder

Jeg ved besked thi
han har sendt en SMS
hvor han skriver
at han har hørt dine
bønner

Efter: Moses i det Herrens år 2016

Kompositionen

Jeg står og ser på træet
der vokser for min fod
står og ser på dets store
forgrenede rod
som spreder sig søgende
langt omkring efter liv
til at suge op gennem
sine mangfoldige siv

Jeg står og ser på
bladenes skønne mosaik
der spreder sig for mit øje
som noder til skøn musik
beundrer dets stamme
så rank så stolt og fri
en betagende sats i
naturens melodi

Glade jul - Klokken 18 nyhederne

Glade jul, dejlige jul,
engle daler ned i skjul!
Klokken er 18:00, det nyhederne på P3
Hid de flyver med paradisgrønt,
hvor de ser, hvad for Gud er kønt,
En byge af raketter er blevet afsendt
fra Gazastriben og har dræbt over
100 mennesker i Israel
lønlig iblandt os de går,
Borgerkrigen i Syrien breder sig
til Tyrkiet: Natos generalsekretær har
indkaldt til et hastemøde
- lønlig iblandt os de går!

Julefryd, evige fryd,
hellig sang med himmelsk lyd!
Tørken og den deraf manglende høst
i flere afrikanske lande er en humanitær
katastrofe, udtaler FN's Generalsekretær.
Det er englene, hyrderne så,
dengang Herren i krybben lå,
Forbrugerne brokker sig over, at prisen på
brød er steget 10%. Forbrugerrådet mener, at
detailhandlen bruger de stigende kornpriser som
en undskyldning for stigningen. Som reelt kun burde
være 5% udtaler Hanne Vest fra forbrugerrådet.
evig er englenes sang,
- evig er englenes sang.

Fred på jord, fryd på jord,
Jesusbarnet blandt os bor!
Brasilianske bønder dør som fluer, på grund af
sprøjtegifte, som for længst er blevet forbudt i EU.

de europæiske fabrikker, som fremstiller og eksporte-
rer
giften, forsvarer sig med, at den er lovlig i Brasilien.
Engle sjunger om barnet så smukt,
han har Himmerigs dør oplukt,
Den is glatte føre har resulteret i et harmonikasam-
menstød
på Holbæk motorvejen. 7 biler er involveret. Politiet
oplyser om 5
dræbte og 15 tilskadekomne heraf er 6 i kritisk til-
stand.
salig er englenes sang,
- salig er englenes sang.

Salig fred, himmelsk fred
toner julenat herned!
I Mexico kæmper myndighederne en stadig mere og
mere håbløs kamp mod narko kartellerne.
Det såkaldte "sne" er hverken velkommen til jul eller
resten af året udtaler Mexicos præsident. Vi foretræk-
ker den sne, der daler ned fra oven, slutter han.
Engle bringer til store og små
bud om ham, som i krybben lå;
Stadig flere melder sig ud af folkekirken. Bliver det
ved i den fart,
er det efterhånden falsk varebetegnelse at kalde det
for folkekirken.
Biskop Helle Nielsen siger, at alle ulykker og krige
rundt i verden
får folk til at miste troen. Vi er kommet dertil hvor
enhver er sin egen lykkes smed.
fryd dig, hver sjæl, han har frelst,
- fryd dig, hver sjæl, han har frelst!
Nu til vejret!

Anonym Sæd donation

Min mor er en
egoist
min far er anonym
sæddonor
hvor er hensynet til
mig
jeg savner en far
mor kunne godt
ha'
gjort det på
normal vis
men nej

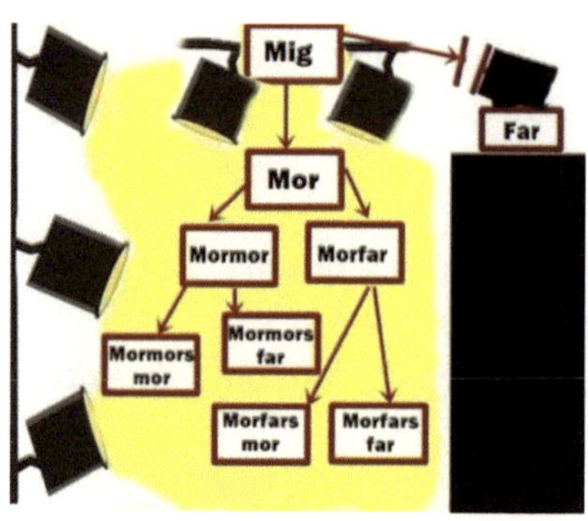

Min morfar laver
min slægtsbog:
1. min mor: Kendt
2. min mormor of morfar: Kendt
3. min far: Ukendt
4. min farmor og farfar: Ukendt
5. min farmors forældre: Ukendt
6. min farfars forældre: Ukendt
7. på min fars side: Alle ukendt
det bliver en tynd slægtsbog
men min mor fik det, som
hun ønskede

Tankevækkende

Tanker
tit og ofte
tænkes
til
en tanke
man kan
lænkes

Tanker
koster ingen
penge
og kan
tænkes
tit og
længe
tanker
i mange
fremmede
senge
om den tid
man tænkte på
drenge

Tanker
de kan
gå i stå
tanker kan
tit være
få
tankes op
man derfor
må
før

tankerne
de
går i stå

Tankerne
kan ej
fortoldes
ingen regler skal
overholdes
af
tanker
ingen skade
forvoldes

Tanker
de kan tænkes
frit
tanker om
mit næste skridt
tanker der er
ældet
slidt
mange
af dem
er nu
skidt

Tanketom
på tanker
det ender
med
at
tænketanken
går fallit.

Hul igennem til lægen

Kl.: 08:00
Det er lægerne i Havnega-
de
tryk 1 for akut tid i dag
tryk 2 for lægerne

Nils Hansen har ferie
tryk 1 for Bo Munksgaard
tryk 2 for Anne Buch
tryk 3 hvis du ønsker at
tale med en sekretær

der er desværre optaget
prøv
igen lidt senere

Kl.: 08:00:45

Det er lægerne i Havnega-
de
Tryk...

Nils Han...

der er desværre

Kl.: 08:01:30
Det er lægerne i Havnega-
de
Tryk...

Nils Han...

der er desværre

O.s.v.

Kl.: 08:14
Det er lægerne i Havnega-
de
Tryk...

Nils Han...

De er nu nummer 2 i køen

Kl.: 08:17
De er nu nummer 1 i køen

Kl.: 08:22
God morgen
det er læge Anne Buch
hvad kan jeg hjælpe Dem
med?

Sund fornuft

Vi kører i bil
tog eller busser
på arbejde
altid
vi kører i bilen ud
til området
hvor vi jogger
eller i fitnesscentre
med løbebånd
og kondicykler
vi vælger det
bedste vi
ta'r bilen

En gang mere
for den der
ikke lige har
fattet
at det er skrevet
i en
ironisk tone
"Det er da dumt
gå eller
cykle
motionen fås
jo i dyre
fitnesscentre
som man oveni købet
kan køre til i bil "

Hvorfor blive

sund ved at cykle
til:
I Jobbet
II Joggingture
III Vandreture
   i skoven
IV Besøg hos venner
   der bor tæt på

Når man kan
spare på jordens
energi
gøre noget ved
den globale
forurening
spare penge
cykle og gå
i stedet for at
bruge bilen og
fitness centre

Nej!
Lad os
asfaltere naturen
så vi lettere
og hurtigere
kan komme ud
og se
den smule
der er tilbage

En mand fra New York Giants død i New York

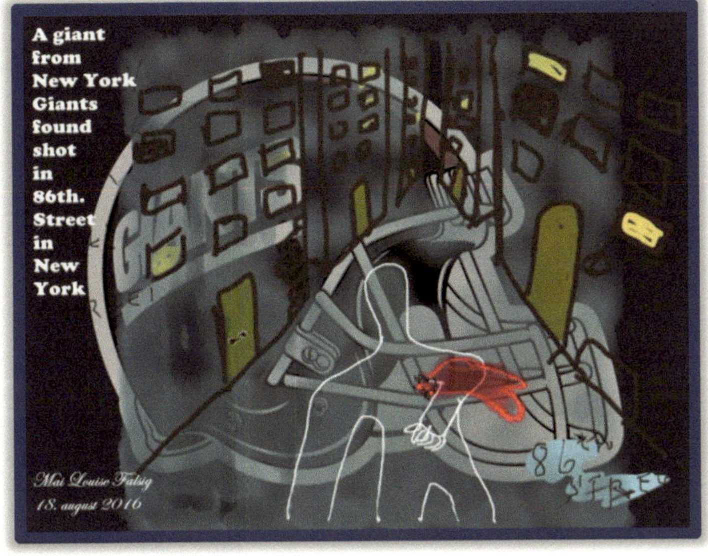

Egoist
Selvkritik

Det er lettere at se
splinten
i andres øjne end
bjælken
i ens eget
vrøvl
siger jeg bare
jeg er bedst

Chefen har fået
galt fat i
fakta
kollegaerne er
på vildspor
vennerne galt
afmarcheret
jeg ved
bedre
og mere
end dem
jeg siger bare
jeg ved mest

Ægtefællen er
enig med
min chef
men hvad ved han
som er
uvidende
om mine
fortræffeligheder

Jeg derimod er
perfekt
måske ikke i andres
øjne
dels skal de ha'
nye briller
og dels er
de total
blottet
for realitetssans og
selvkritik

Jeg siger bare
"Jeg er bedst!"

Jeg har en
egenkærlighed
som først forsvinder
når jeg det indser
når lynet slår ned

Min visdomstand

er nu rodbehandlet

død
visdommen sad
i den tand
evnen til at kende
mine egne
begrænsninger
er væk

Jeg var på en måde
ven af
visdommen, en
filosof

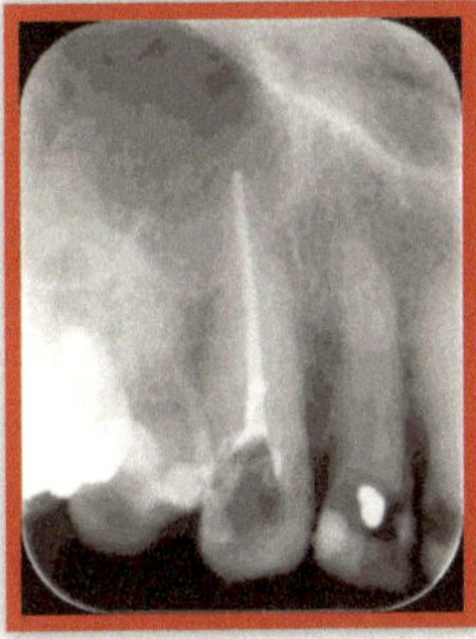

den kan på
ingen måde erstattes

Visdom er ikke
resultatet af en
uddannelse, men et
livslangt forsøg
på at opnå
det
(Albert Einstein)

De fem visdoms
Buddhaer
rodbehandlet
Vairocana
hvid, livshjulet
Akshobhya
blå, scepter
Amitābha
rød, lotus
Ratnasambha
guld gul, juv
Amoghasidd
grøn, luft vind
Slut med at
lære noget af
mine venner
begynder nu
at gøre desperate
ting
bliver rasende
kun den uvidende
bliver vred
den vise forstår

Hvad gør jeg nu

Går til myren og
bliver vis
eller tandlægen
for at
høre prisen på
en ny
visdomstand

Når man har stemt

Sker det
mærkværdige
at man
på en
eller anden
måde
mister
en del
af
stemmens kraft
og alligevel
ikke
for man
når tydeligt
igennem
når
man taler
med andre
så
må
det være
politikerne
der
alle
efter et valg
kollektivt
har behov for
høreapparat
hvordan forklarer
man ellers
at lige så snart
man
ved et folketingsvalg
har afgivet
sin stemme
så mister
politikerne
evnen til
at høre
hvad vi siger